Pflegeratgeber für praktische Loesungen im Arbeitsalltag

Soziale Netzwerke erleichtern das Leben im Alter

1. **Genossenschaft will Kitt in einer Gesellschaft wieder herstellen – Schweiz**

2. **Zeit ansparen – eine neue Form der Altersvorsorge – Oesterreich**

3. **Fureai Kippu – eine Pflegewaehrung in Japan**

Gastbeitrag von: Maike Brzoska

Institut für Altenpflege Neuss
7. Ausgabe – März 2018

Soziale Netzwerke erleichtern das Leben im Alter

1.   Genossenschaft will Kitt in einer Gesellschaft wieder herstellen – Schweiz

2.   Zeit ansparen – eine neue Form der Altersvorsorge – Oesterreich

3.   Fureai Kippu – eine Pflegewaehrung in Japan

Gastbeitrag von: Maike Brzoska

Institut für Altenpflege, Freithof 30, 41460 Neuss
Telefon: 02131/0151-43165987
E-Mail: horstbrzoska-beratung@t-online.de
www.institut-fuer-altenpflege.de
3/2018

1

Vorwort

Unsere Gesellschaft altert. Deshalb brauchen wir neue Lösungen, um die demografische Herausforderung zu meistern, denn es werden in Zukunft mehr Menschen auf Unterstützung angewiesen sein als heute. Ein breites Bündnis aus Politik, gesellschaftlichen Gruppen, Kirchen und Wohlfahrtsverbänden wird nötig sein, um das zu leisten. Neue Formen von Netzwerken und quartiersnaher Versorgung könnten künftig noch viel mehr zivilgesellschaftliches Potenzial aktivieren, um älteren und hilfebedürftigen Menschen soziale und psychische Unterstützung bieten zu können. Auch bei gesundheitlichen und pflegerischen Problemen kann so schnell und effektiv geholfen werden, so dass ältere Menschen länger zuhause wohnen bleiben können.

Stationäre Pflegeeinrichtungen könnten ebenfalls von dem gesellschaftlichen Wandel profitieren, wenn sie sich zukunftsorientiert aufstellen und beispielsweise als Gesundheitszentren in die quartiersnahe Versorgung einbezogen werden. Der Gesetzgeber in NRW setzt mit dem Wohn- und Teilhabegesetz (WTG) auf den Ausbau lokal vernetzter Strukturen unter Federführung der Kommunen, die zu einem pflegerischen Mehrwert für Hilfebedürftige beitragen sollen. Kooperationen zwischen Pflegeeinrichtungen und ortsansässigen Anbietern im Stadtteil können als Pflegezentren fungieren und so alten chronisch kranken und pflegebedürftigen Menschen helfen. Das trägt dazu bei, dezentral im Stadtteil eine umfassende bedarfs- und bedürfnisgerechte Versorgung gewährleisten zu können.

Wie man in den beiden Nachbarländern Schweiz und Österreich sowie im fernen Japan mit der demografischen Herausforderung umgeht, beschreiben die Beiträge von Maike Brzoska in diesem Ratgeber.

Horst Brzoska

1. Genossenschaft will Kitt in einer Gesellschaft wieder herstellen (Schweiz) – Reportage

Margrit Longhi breitet ein kleines gelbes Handtuch auf dem Tisch aus, streift die zwei goldenen Ringe vom Finger und verreibt ein paar Tropfen Orangenöl in ihren Händen. Dann nimmt sie die linke Hand von Bernadette Flüeler, legt sie auf das Handtuch und fängt an sie zu massieren. Mit leichtem Druck streicht sie von der Handwurzel bis zur Fingerspitze. Das soll die Durchblutung fördern. Denn Bernadette Flüeler hat, wie so oft, kalte Hände. „Angenehm so?", fragt Longhi. Flüeler nickt lächelnd.

Die Handmassage war eine spontane Idee. Vorher hatte Bernadette Flüeler die ältere Dame mit dem Auto vom Turnen abgeholt und nach Hause gebracht. Jetzt sitzen sie zusammen am großen schwarzen Esstisch und trinken eine Apfelschorle. Unter den Gläsern liegen weiße gehäkelte Platzdeckchen. Margrit Longhi hat noch Kekse auf den Tisch gestellt. Die 86-Jährige trägt einen Kurzhaarschnitt, eine moderne Brille und ist eine unternehmungslustige ältere Dame, deren grüne Augen leuchten, wenn sie von Ausflügen in die Berge berichtet. Aber es sei ein bisschen mühsam im Moment. Das Gehen fällt ihr schwer, seit sie einen Unfall hatte. Deshalb fährt sie nicht gerne mit dem Bus. Auf das wöchentliche Turnen möchte sie trotzdem nicht verzichten. Auch weil sie dort immer ihre Schwester trifft. Deshalb hat sie sich über Kiss eine Autofahrt organisiert. Ein paar Mal im Monat macht sie das.

Kiss ist aber keineswegs ein Fahrdienst, sondern eine Genossenschaft, die Nachbarschaftshilfe vermittelt. Das können Autofahrten sein, Näharbeiten, Begleitung beim Einkaufen oder Spaziergänge. Die Idee ist, ein soziales Netzwerk vor Ort aufzubauen. Geld fließt dabei nicht. Stattdessen dokumentieren die Mitglieder ihren Zeitaufwand. Kiss hat dafür extra Schecks drucken lassen, auf denen Dauer und Tätigkeit eingetragen werden. Für die Autofahrt etwa bekommt Bernadette Flüeler eine Stunde gutgeschrieben. Sie kann damit ihrerseits Hilfe von Genossen in Anspruch nehmen. Bislang hat sie das erst einmal gemacht, da hat ihr ein Herr etwas repariert. Ansonsten möchte die 60-Jährige aber Zeit ansparen, falls sie mal krank wird oder im Alter nicht mehr so selbständig ist.

Bernadette Flüeler ist eine freundliche, zurückhaltende Person. Mehrmals im Monat fährt sie Kiss-Genossen, zum Beispiel zum Arzt oder Einkaufen. Sie macht das gern, auch weil sich oft neue Bekanntschaften ergeben. Eine ältere Dame besucht sie mittlerweile auch privat, um sich mit ihr auf Französisch zu unterhalten. Bernadette Flüeler stammt ursprünglich aus der französischsprachigen Westschweiz. Sie wohnt gerne hier in dem Städtchen Zug und spricht inzwischen auch sehr gut „Schwyzerdütsch". Aber ihre Muttersprache fehlt ihr manchmal, erzählt sie.

Acht lokale Kiss-Genossenschaften gibt es im Moment, alle in der deutschsprachigen Schweiz. Weitere sind im Aufbau. Hier in Zug, wo Kiss 2016 gestartet ist, sind 150 Mitglieder aktiv. Die Stadt hat 30.000 Einwohner und ist sehr international, selbst für Schweizer Verhältnisse. In das frühere Fischerdorf am Zuger See sind Firmen aus aller Welt wegen der niedrigen Steuern im Kanton gekommen. Siemens und Unilever etwa haben hier Niederlassungen. Das hat die Stadt wohlhabend gemacht und der Gemeinde jede Menge neue Einwohner beschert. Aber viele bleiben nur für ein paar Jahre. Vor allem die Älteren haben deshalb das Gefühl, dass mit der Zeit etwas verloren gegangen ist.

Der Kitt in der Gesellschaft sei nicht so wie früher, so beschreibt es Susanna Fassbind, eine der Gründerinnen von Kiss. Die 75-Jährige stammt gebürtig aus Zug und ist gut vernetzt mit Politik und Wirtschaft in der Region. Sie war viele Jahre Präsidentin des Vereins „Umwelt Zug", hat staatliche Stellen zum Thema Nachhaltigkeit beraten und als Dozentin an der ETH Zürich gearbeitet. „Das Miteinander, der Zusammenhalt hat mir irgendwann gefehlt", sagt Fassbind. Hinzu kommt, dass Mieten und Häuserpreise wegen der vielen Zugezogenen stark gestiegen sind. Nicht wenige gebürtige Zuger sind deshalb ins Umland gezogen. Auch das hat die

Gemeinschaft auseinander driften lassen. Von einem Zeitgutschriftenmodell, das die lokale Gemeinschaft stärkt, hat sie erstmals in den 1990ern gehört. Das müsste es auch bei uns geben, hat sie damals gedacht. Vor ein paar Jahren fand sie schließlich: Jetzt ist die Zeit reif. Zusammen mit drei anderen Frauen gründete sie die ersten Genossenschaften. „Wir wollen die Nachbarschaftshilfe massiv ausbauen und so den Kitt wieder festigen", sagt Fassbind.

Mit der Genossenschaft will sie Eigenverantwortung und Solidarität fördern, diese Werte sind ihr wichtig. Mitmachen kann im Prinzip jeder, aber gerade die älteren Leute bräuchten Unterstützung im Alltag, erklärt sie. Wobei ihre Generation sich schwer damit tun würde, darum zu bitten. Kiss soll das einfacher machen. „Wenn man weiß, dass der Andere in Form von Zeitgutschriften etwas zurück bekommt, fällt es leichter, Hilfe anzunehmen", sagt Fassbind.

Margrit Longhi hat sich mittlerweile weiter vorgearbeitet. Konzentriert knetet sie die Handinnenfläche. Zwischendurch schaut sie auf den Zettel mit der Anleitung. Das Massieren hat sie gerade erst gelernt, damit sie anderen Genossen etwas anbieten kann. Sie müsste das eigentlich nicht, weil Kiss in der Anfangsphase Zeit an bedürftige Personen verschenkt. Aber das Massieren macht ihr Freude. Außerdem findet sie, es passt zu ihr, weil sie meistens warme Hände hat.

Ihrem Mann habe sie deshalb oft die Hände gewärmt, erzählt sie. Die waren im Winter immer kalt, trotz der dicken Handschuhe aus Lammfell.

Vor dreieinhalb Jahren ist ihr Mann gestorben, kurz nach der diamantenen Hochzeit. Ihre Stimme wird brüchig, als sie das erzählt. Es ist immer noch schwierig für sie, nun alleine zu leben, keinen Partner mehr an ihrer Seite zu haben. Ihre drei Söhne kümmern sich um sie, aber die sind berufstätig, zwei wohnen außerdem weiter weg. Im September hat sie auch noch ihren Führerschein abgegeben – freiwillig, wie sie betont. Es sei jetzt schwieriger, Freunde zu treffen und Kontakte zu pflegen. Aber nur zuhause hocken ist nicht ihre Sache. „Da würde mir die Decke auf den Kopf fallen", sagt sie. Deshalb organisiert sie sich über Kiss Autofahrten zum Turnen oder zur Kirche. Und sie geht zu den regelmäßigen Kiss-Treffen, wo sie auch neue Leute kennen lernt. Die trifft sie mittlerweile sogar zufällig auf der Straße.

Und es sei gut zu wissen, dass es im Notfall Unterstützung vor Ort gebe, sagt Margrit Longhi. Denn das Alter mache sich schon bemerkbar, ihr Gedächtnis lasse sie manchmal im Stich. Das verunsichert sie. Letztens hat sie das „Dösli" mit dem Currypulver bei den Putzschwämmen gefunden. Auf dem Umschlag, in dem die Anleitung für die Handmassage drin war, steht: Orangenöl im Spiegelschrank, linke Seite. „Ich suche das sonst jedes Mal eine halbe Stunde", sagt sie und lacht. In dringenden Fällen könnte sie eine der Koordinatorinnen anrufen, das sind die einzigen Festangestellten bei Kiss. Die Koordinatorinnen organisieren ansonsten die Tätigkeiten, bringen Zeitgeber und Zeitnehmer zusammen. Und sie bekommen die Schecks und übertragen sie in ein eigens dafür entwickeltes Computerprogramm.

Als die Genossenschaft gestartet ist, gab es auch Kritik. Betreuungs- und Pflegedienste witterten Konkurrenz. Das sei heute aber kein Thema mehr, erzählt Fassbind. Auch weil Kiss sich etwas anders entwickelt hat als gedacht. „Wir hatten angenommen, dass die Leute vor allem Hilfe beim Aufräumen oder Kochen nachfragen". Stattdessen wollten aber viele einfach nur Spazieren gehen oder Kaffee trinken. Fassbind betont, dass Kiss auch gar keine Pflege leisten dürfe, dafür fehlten den Mitgliedern die entsprechenden Fachkenntnisse. Es gehe vielmehr um kleinere Gefälligkeiten, und das ohne Kosten für die Mitglieder. Das könnten andere Betreuungsdienste gar nicht leisten. Urs Raschle, Stadtrat für Soziales in Zug, sieht das ähnlich. „Mit der sozialen und psychologischen Unterstützung für ältere Leute füllt Kiss eine Lücke", sagt er. Deshalb hat die Stadt die Gründung von Kiss mit 10.000 Franken, das sind etwa 8.500 Euro, unterstützt.

In anderen Städten in der Schweiz gibt es ähnliche Projekte. Zum Beispiel die Zeitvorsorge in St. Gallen. Dort bürgt sogar die Kommune für die geleisteten Stunden, und zwar für die nächsten 25 Jahre. Mitmachen können Rentner ab 60 Jahren. Die Idee ist, dass die 3. Generation sich um die 4. Generation kümmert. 135 aktive Mitglieder gibt es derzeit. Sollte das Projekt irgendwann beendet werden, so dass die Zeitvorsorger ihre Stunden nicht in Anspruch nehmen können, entschädigt die Kommune sie. Dafür hat sie eine Eventualgarantie von 3,4 Millionen Franken abgegeben, das sind etwa 2,9 Millionen Euro.

Das ist viel Geld, aber langfristig erhofft man sich in St. Gallen sogar eine Ersparnis, wenn die älteren Menschen länger zuhause wohnen bleiben können. „Wenn der Eintritt ins Pflegeheim um sechs bis neun Monate verzögert wird, spart die Kommune schon sehr viel Geld", sagt Claudia Kraus, die Geschäftsführerin der Zeitvorsorge. In der Schweiz springt die Kommune ein, wenn der Heimbewohner die Pflegekosten nicht vollständig aufbringen kann – was häufig der Fall ist. Die St. Gallener Zeitvorsorge ist ein Pilotprojekt, das 2007 der damalige Bundesrat Pascal Couchepin angestoßen hat. Der Österreicher Gernot Jochum-Müller hat das Modell im Detail konzipiert, in seinem Heimatland baut er aktuell ein ähnliches System auf (siehe Interview).

Kiss hingegen sieht keine Entschädigung vor, sollte es die Genossenschaft irgendwann nicht mehr geben. Die Gründerinnen setzen darauf, dass genügend Menschen mitmachen, auch in Zukunft. Außerdem wollen sie die

Organisation so einfach wie möglich halten. Deshalb auch der Name – Kiss steht für *keep it small and simple*. Die Genossenschaft will Kontakte anstoßen – was daraus wird, könne man ohnehin nicht absehen, meint Fassbind. Sie hat erfahren, dass schon einige Freundschaften entstanden sind. „Die treffen sich mittlerweile, ohne die Stunden zu dokumentieren."

„Voilà", sagt Margrit Longhi, fertig. Die Hände von Bernadette Flüeler sind nun ordentlich durchgeknetet. Das Orangenöl kommt wieder in den Spiegelschrank. Die beiden stecken noch mal die Köpfe zusammen. Bald, so erzählen sie, wollen sie einen Ausflug nach Unterägeri machen. Der Ort liegt etwas höher in den Bergen. Wenn es unten in Zug neblig ist, scheint oben oft die Sonne. Margrit Longhi würde dort gerne mal wieder Spazieren gehen. Und wenn Bernadette Flüeler unterwegs kalte Hände bekommt, wird Margrit Longhi sie bestimmt noch einmal wärmen.

2. Zeitpolster – eine neue Form der Altersvorsorge – Interview

Herr Jochum-Müller, Sie wollen in Österreich mit Zeitpolster eine neue Form der Altersvorsorge aufbauen. Wie läuft´s?

Es läuft sehr gut. Wir haben gerade die Öffentlichkeitsarbeit gestartet und machen viele Veranstaltungen, wo wir unser Modell vorstellen. In den nächsten zwei Jahren werden wir vor allem in Wien und in Vorarlberg gezielt Gruppen aufbauen. Aber eigentlich haben wir schon aus allen Bundesländern Österreichs Anfragen von Gemeinden, die mitmachen wollen. Der ORF hat Zeitpolster zu einem der 10 wichtigsten Projekte Österreichs ernannt. Das hat uns viel Aufmerksamkeit gebracht.

Wie kann man mit Ihrem Modell vorsorgen?

Indem man Zeit anspart. Das funktioniert so, dass Sie andere Menschen unterstützen, zum Beispiel Ältere, aber auch Familien. Das kann eine Autofahrt zum Arzt sein, Hilfe im Haushalt oder bei der Gartenarbeit. Dafür erhalten Sie eine Zeitgutschrift statt Geld, die Sie später gegen Betreuungsleistungen einlösen können. Zum Beispiel, wenn Sie krank werden oder eben im Alter. Das Ziel ist, ein breites Netz an nachbarschaftlicher Hilfe aufzubauen. Unser Modell ist so aufgebaut, dass sich auf

Ebene der Gemeinden gruppen bilden und wir als Träger dafür umfassenden Support bereitstellen.

Warum glauben Sie, dass das nötig ist? Eigentlich sollte nachbarschaftliche Hilfe ja selbstverständlich sein.

Wo es möglich ist, sollte zuerst Hilfe aus dem Umfeld kommen. Wo das nicht möglich ist, braucht es andere Formen der Unterstützung. Es fehlt einfach oft die Zeit, sich um Andere zu kümmern, sei es in der Nachbarschaft oder in der eigenen Familie. Das liegt auch daran, dass noch nie so viele Menschen erwerbstätig waren. Der zweite Grund ist, dass der Bedarf an Betreuungsleistungen stark zunimmt. Wir haben eine heftige demografische Entwicklung, in Österreich genauso wie in Deutschland. Bald gehen die Babyboomer in Pension, das sind die Jahrgänge um 1960. Es wird also mehr ältere Menschen geben, darunter auch viele, die nur die Mindestpension bekommen. Diese sollten wir nicht allein lassen.

Welche Rolle spielt der Staat? Der hat schließlich auch eine Fürsorgepflicht.

Die öffentliche Hand wird es kaum schaffen, hier einzuspringen und all die anfallenden Kosten zu stemmen. Zumal die Sozialfonds heute schon gedeckelt werden müssen. Wir brauchen hier neue gesellschaftliche Ansätze. Meine Vision ist, dass das ein fester Bestandteil der Altersvorsorge wird und jeder, der möchte, Zeit ansparen kann.

Wie sieht es in anderen Ländern aus?

In Japan existiert ein solches System schon seit den 1990ern. Es heißt Fureai Kippu und wird von der Sawayaka Foundation organisiert Ein ehemaliges Ministeriumsmitglied hat das initiiert. Meines Wissens existieren in Japan 300 lokale Gruppen mit bis zu 300 Mitgliedern. (*Details siehe unten*). Übrigens ist uns Japan auch in demografischer Hinsicht gut 15 Jahre voraus.

Und in Deutschland?

Es gibt einige lokale Initiativen, bei denen man Zeit ansparen kann. Zum Beispiel die Generationengenossenschaft GenoEifel oder die NUZ, das ist ein Verein im Allgäu für Nachbarschaftliche Unterstützung und Zeitvorsorge. Im Detail funktionieren die Modelle alle ein bisschen anders, da wird im Moment viel ausprobiert, auch weil rechtliche und organisatorische Fragen erst geklärt werden müssen. Die Idee des Zeitsparens ist noch so neu, dass wir da im Moment Pionierarbeit leisten. Wir haben auch einige Anfragen aus Deutschland und bereiten dazu ein Transfermodell vor.

Gernot Jochum-Müller ist Berater, Coach und Projektentwickler. Er ist gelernter Elektriker und hat soziale Arbeit studiert. In seiner Heimat Vorarlberg hat er die Regionalwährung Talente mitgegründet. Daraus entstand die ALLMENDA Genossenschaft, die zahlreiche regionalwirtschaftliche Projekte und Regionalwährungen umsetzt. Als Ashoka Fellow und dank des Stipendiums „Make More Health" von Boehringer Ingelheim hat er nun die Möglichkeit, die Zeitvorsorge landesweit zu etablieren.

1

3.   Fureai Kippu – Eine Zeitwährung in Japan

Was ist Fureai Kippu?

Bei Fureai Kippu handelt es sich um eine Art „Pflege oder Zeitwährung", die man erhält, wenn man eine ältere oder hilfsbedürftige Personen im Alltag unterstützt. Dafür bekommt der Helfende eine Gutschrift in Form von Zeiteinheiten. Eine Dachorganisation, die Sawayaka Foundation, führt darüber Buch und verwaltet die Stunden. Wenn die Helfenden später selbst einmal Hilfe benötigen, können sie ihre Zeitguthaben wieder einlösen.

Warum ist es so bekannt?

Fureai Kippu wird immer wieder genannt, wenn es um Modelle der Zeitgutschriften und des Zeitsparens geht, weil es eines der ersten war und heute in Japan sehr stark mit anderen Organisationen verwoben ist. Fureai Kippu wird deswegen immer wieder als Vorreiter genannt.

Wie ist das System entstanden?

Fureai Kippu geht auf eine 1973 von Teruko Mizushima gegründete Zeitbank, die Volunteer Labour Bank, in Osaka zurück. Mitglieder der Volunteer Labour Bank tauschten Dienstleistungen gegen Zeiteinheiten. Es handelte sich also um einen Austausch, der auf Gegenseitigkeit beruht. In der japanischen Kultur ist die gegenseitige Hilfe von großer Bedeutung. Auf einen

Gefallen soll mit einem Gefallen geantwortet werden. Die bloße Annahme von Hilfe durch Freiwillige war daher für hilfsbedürftige Personen problematisch. Aus diesem Grund setzte sich zunächst die bezahlte Freiwilligenarbeit. Wobei die Bezahlung eher Symbolcharakter hat. Aus diesen Organisationen heraus entstandenen viele Fureai Kippu Systeme, die eine Bezahlung mit Yen und der Zeitwährung kombinierten.

Wie kam die Zeitwährung hinzu?

Das hatte mehrere Gründe. Die Bezahlung von Freiwilligen widersprach der Intention der Freiwilligen, unentgeltlich Hilfe zu leisten. Die Pflege und Hilfe von älteren Menschen hat in Japan einen hohen Stellenwert. Außerdem hatten Menschen, die Hilfe benötigten, aufgrund der Bezahlung erhöhte Ansprüche. Eine Lösung stellte Fureai Kippu dar. Die Freiwilligen wurden fortan mit der Zeitwährung bezahlt, die sie selber später wieder einlösen können. In der Praxis gibt es heute aber viele Mischformen aus bezahlter Arbeit, Freiwilligenarbeit und Hilfe gegen Zeitgutschriften. Hiermit unterscheidet sich Fureai Kippu von klassischen Zeitbanken, die meist ausschließlich auf Reziprozität durch Zeiteinheiten setzen.

Warum gibt es heute weniger Fureai Kippu Gruppen als noch in den 1990er Jahren?

Der Rückgang von Fureai Kippu Gruppen seit den 2000er Jahren ist auf vermehrte staatliche Leistungen zurückzuführen. Man benötigt weniger Freiwilligenarbeit. Weil die Kosten für den Staat aber sehr hoch sind, werden die Leistungen teilweise schon wieder zurück gefahren. Dass Fureai Kippu ganz verschwindet, ist unwahrscheinlich, denn viele der Gruppen sind mittlerweile in staatliche oder halbstaatliche Organisationen eingebunden und werden von diesen unterstützt und mitfinanziert. In Japan versucht der Staat auf diese Weise, die Zivilgesellschaft einzubeziehen, wenn es um Lösungen für die demographische Herausforderung geht.

Wie könnte es weiter gehen?

Wenn weniger junge Leute zu den bestehenden Gruppen stoßen, könnte Fureai Kippu möglicherweise bald vor der Schwierigkeit stehen, dass aufgrund der demographischen Entwicklung zu wenig gesunde Menschen auf ein zu große Anzahl hilfsbedürftiger Menschen stoßen. Das muss aber nicht zwangsläufig so sein, denn es könnte sein, dass gar nicht alle, die Zeit angespart haben, diese auch in Anspruch nehmen werden. Studien zeigen, dass bei lediglich bei neun Prozent der Freiwilligen das Sparen von Zeitguthaben zur Altersvorsorge das Hauptmotiv ist. Der Großteil der Freiwilligenarbeiter nimmt aus altruistischen Gründen an diesem System teil und hat nicht unbedingt die Absicht, das Zeitguthaben einzulösen.

Quelle: monneta.org

1